斎藤一人
絶対、なんとかなる!

言えば心が軽くなる、
毎日笑って暮らせる

Hitori Saito
斎藤一人 著

マキノ出版

はじめに

なにか困りごとが起きたとき、
一番よくないのは、
ひとりで悩み苦しむことだよ。

「なんとかなる」

「なんとかなる」

「なんとかなる」


そう言ってごらん。

それはね、

「この問題は、あなたにお預けしましたよ」

って、
大きい神様にお願いするのと同じことなんです。

天の神様が、あなたにとって最善の方法で
解決してくれますからね。

注記

最初にお伝えしておきますね。

この本には「神様」にまつわる不思議な話がたくさん出てきますが、私が神様を好きなだけで、宗教とは関係ありません。

一人《ひとり》さんが信じている話だからみなさんにもご紹介するのですが、相当ヘンな話ですから、全員にわかってもらえるとは思っていないの。

といって、説明しなきゃ誰にも伝わらない(笑)。

だから、できるだけわかりやすくお伝えしますね。

100人に1人くらいが、

「おもしろそうだなぁ」

「これは信じられる」

と思ってくれたらいいんです。

信じたい人だけ、この本に書いてあることを実践してみてください。

パワー入魂！「絶対なんとかなる」カードについて

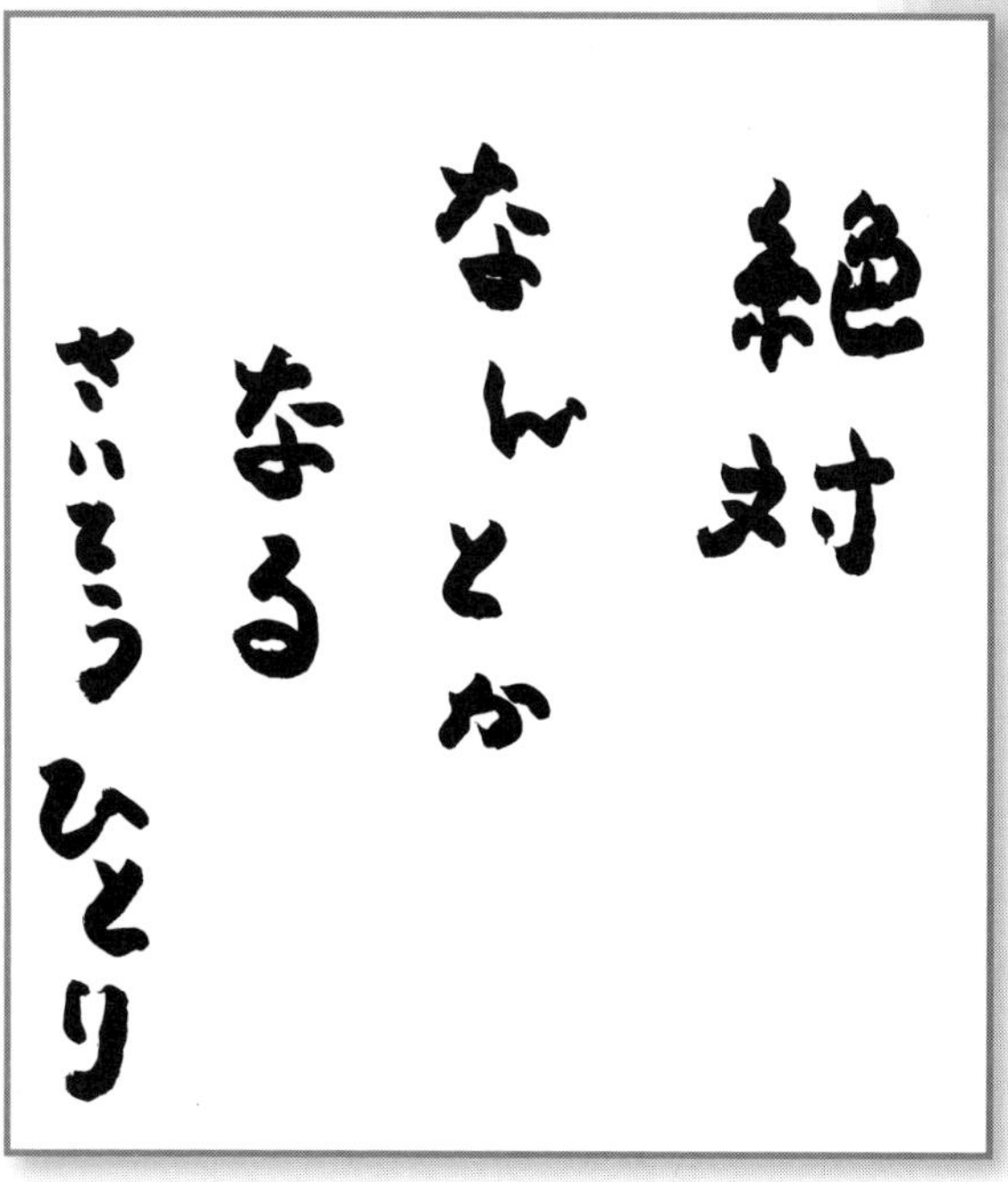

巻末付録「絶対なんとかなる」カードは、読者へのプレゼントとして、斎藤一人《さいとうひとり》さんが新たに書き下ろしたものです。

見える場所に飾ったり、持ち歩いたりしたら、神様が味方してくれると思いますよ。大丈夫、なんとかなります！（編集部）

斎藤一人　絶対、なんとかなる！　目次

第1章　「なんとかなる」が理想の未来を引き寄せる

第2章 毎日を笑って暮らせる「魔法の言葉」

第3章 人付き合いや子育てもこれでうまくいく

第4章 お金持ちになりたいなら口癖にするといい

第5章 これこそが「神様が味方したくなる生き方」

第6章 「なんとかなる」は一人さんの人生哲学

斎藤一人　絶対、なんとかなる！

装丁　田栗克己
構成　古田尚子
編集　高畑　圭

第1章

「なんとかなる」が理想の未来を引き寄せる

「なんとかなる」は最強の肯定語なんだ

この世には「絶対神」という、

大きい神様

がいます。

私たちは、この大きい神様から「分《わ》け御霊《みたま》」をいただき、この世に生を受けました。

誰の心の中にも、神様から授かった魂があるんだ。

でね、困ったことが起きると、みんな悩み苦しんだり、パニックを起こしたりするんだけれど。

なぜそうなるかっていうと、起きた問題が、自分の手に負えないと思うからだよ。

考えてごらん。

自分の手に負えることだったら、さっさと片づけちゃって、悩むことはないよね？

ところが、自分の手に負えない問題が起きると、とたんにどうしたらいいのかわからなくなる。


そういうときは、**自分で解決しようとしないこと**だよ。

天にいる大きい神様に、

「この問題はあなたにお預けします」

ってお任せするの。

そうすると、神様がうまく取りはからってくれて、必ず解決します。

どんな難題であろうと、びっくりするような形で解決しちゃうんだよ。


じゃあ、神様にお任せするにはどうしたらいいんですかって、すごく簡単なの。

「なんとかなる」

そう言ってみるだけです。
なにか問題が起きたら、「なんとかなる、なんとかなる」って言うの。
そうすると、この言葉がスイッチになって、あなたを悩ませるその問題を、
ピューッと天まで飛ばしてくれるんだ。
あとは大きい神様にお任せしておけば、最善の方法で片づけてくれる。
あなたはなにもしなくていいんだよ。
その問題に取り組もうとする必要はないし、大きい神様が出してくれる答えを
待っていればいいだけです。

「なんとかなる」
って最強の言葉だよ。これ以上の肯定語はない。

一人《ひとり》さんはそう思っています。

思いには想像以上の強い力があるよ

ほとんどの人は、「この問題はどうにもならない」と思い込んでいるから、苦しくなるんだよね。

だけど「なんとかなる」が口癖になると、なにが起きても、

「世の中そう難しいことは起きない。なんとかなるから大丈夫」

って思えるようになります。

心が軽くなるんだよね。

そうすると目の前の問題にとらわれず、前向きな行動ができるようになる。

ますます、なんとかなる方向へ前進するの。

この地球は、行動の星なんです。

行動しなきゃ、思い描いているような成功や幸せは手に入らないんだよね。

その行動の原動力となるのが、

あなたの「思い」

であり、その思いが「理想の未来」を連れてくるの。

現実を形作っているのは、すべて自分の「思い」です。


「中学校しか出ていないから、お金に苦労するのは当たり前」

そう思っている人は、現実もそうなるよ。

反対に、

「早く社会に出たぶん、人より得なんだ。絶対なんとかなる」

と思っていたら、うんと成功しちゃうの。

一人さんは中学しか出ていないけれど、そうやって「思い」の強さで未来を切り開いてきたんだ。

思いというのは、それくらい強い力があるんだよ。

徹底的に思い込んでごらん。

「なんとかなるから、心配しなくて大丈夫」

そう信じ込むの。

するとね、その思いがあなたを突き動かして、現実を変えるための「行動」に向かわせてくれるんです。

必ず、「なんとかなったじゃん！」っていう現実を引き寄せてくれますからね。

なお、「なんとかなる」って言うときは、心の中で言うだけでもかまいませんが、**口に出して言ったほうが効果は大きくなります。**

声に出すと、その声を自分の耳で聞くことにもなるから、ダブルの作用が得られますよ。

あなた自身で「なんとかなる」を証明してごらん

この世の中は、自分で解決できない問題は起きないようになっています。

だから、人はどんなことがあっても、必ずなんとかなります。

あなたの身に起きることは、すべてあなたに解決できることなんだよね。


思い出して欲しいんだけど、1年前のあなたは、今と同じことで悩んでいただろうか。


きっと、1年前には、1年前の悩みがあったよね。

同じように、10年前には10年前の悩みがあったはずなんです。

なのに時間がたつと、自分が過去にどんな悩みを抱えていたのかも覚えていない。そういう人って、けっこう多いと思うんです。

なぜ忘れてしまうのかっていうと、問題がいつの間にか解決しちゃってるからだよ。

「なんとかなる」って言うと安心できるんです。

そうするとね、今までよりも、もっとなんとかなる確率が高くなる。

悩みなんてなくなって、人生がうんと軽やかに、楽しくなるんだ。


「なんとかなると思っていれば、絶対うまくいく」

これは一人さんの持論であり、私自身はもう、自ら証明できているんです。

だけど、あなたが納得するためには、あなたが証明するしかないの。

だまされたと思って、

「なんとかなる」

「なんとかなる」

「なんとかなる」

と言ってごらん。

きっとあなたも、これでうまくいくことを証明できるよ。

表情、考え方、人生観の順番で変わるよ

それと、もし機会があったら、

「大笑参り《おおわらいまい》」

にも挑戦して欲しいんです。

大笑参りっていうのは、東京・新小岩《しんこいわ》にある「ひとりさんファンクラブ」でやっているお参りのことです（もちろん、どなたでも無料ですよ。詳細は１５２ページ参照）。


ひとりさんファンクラブへ行くとね、店長さんが、一人さんの波動が入った打ち出の小づちを、

「なんとかなる！　なんとかなる！　なんとかなる！」

って振ってくれるんです。

これがとても楽しくて、おもしろくて、来た人がみんな吹き出しちゃう（笑）。

で、一瞬で変わっちゃうんだよね。

表情が変わる
考え方が変わる
人生観が変わる

大笑参りって、心の栄養剤みたいなものなんです。

悩みとか苦しいことがあるときでも、「なんとかなる」って言うだけで、ほかのことは考えられなくなるんだ。

自然と嫌なことを忘れられるの。

なぜですかって、人は同時に2つの思考を巡らせることができないから。

なんとかなるというプラスの思考と、苦しみを生むマイナスの思考は、同時に巡らせることができないんです。

1日のうち少しの時間でも、「なんとかなる波動」で生きること。大笑いして、へんてこりんな考えを遮断するの。

するとね、**最初は「なんとかなる」と思えなかった人でも、だんだん「なんとかなるような気がしてきた」って、本気でそう思える**ようになります。

顔が変われば、考え方も変わってくるし、やがて人生観まで変わるの。

人生そのものが、明るく変わっちゃうんです。

「なんとかなる」は世界共通の栄養剤

世界じゅうで通じる「ケセラセラ」という言葉があります。

これも、「なんとかなる」っていう意味なんだけど。

要は、「なんとかなる」って、世界共通の栄養剤なんだよね。

神様が「なんとかなるよ」って、私たちに教えてくれているんです。

あなたがどこで生まれようと、どんな生い立ちであろうと、どんな悩みがあろうと、「なんとかなる」と思って明るく生きていると、必ずなんとかなります。

そもそも、「なんとかなる」って言いながら自殺するような人っていないですよね。

なんとかなるって、これ以上ない、最高にスゴい言葉。

どんな人でも助けちゃうくらい、強い言霊《ことだま》を持っています。

遠方に住んでいるとか、時間がないなどの理由で、どうしても大笑参りへ来られないかたは、毎日、「なんとかなる!」って言うだけでもいいですからね。

スパゲティを食べたことがない人に、スパゲティの味を説明するのは難しい。だけど、食べてみたら一発でどんな味かわかるよね。

それと同じで、**「なんとかなる」という言葉が持つエネルギーを受け取りたいん**

だったら、あなた自身が実践するのみだよ。

問題を解決するスイッチは自分で押しな

ときどき、白黒ハッキリさせなきゃ気の済まない人がいます。

でもね、この世の中って、そんなに白黒ハッキリできるものじゃないんだ。

昼の次にパッと夜が訪れると、いきなり暗くなって困ります。

だから、みんながちゃんと対応できるように、昼と夜の間には、時間をかけてだんだん暗くなる「夕方」があるんです。


夕方の「夕」ってね、「結《ゆう》」という意味なの。

昼と夜を結ぶ時間帯ですよっていうことを表しているんだけど、その「夕」と同じような意味を持つのが「グレーゾーン」なんです。

グレーゾーンって、すごく大事なんだよ。

自然の中にグレーがあるということは、グレーが必要だからなの。

神様が、「グレーも大切だよ」って言っているんだよね。


少しくらい、いい加減な人がいてもいい。

いい加減って、「よい加減」ということだから。

ビシッと割り切れるのは数学くらいで、人の心ってそう簡単に割り切れない。

そういう**グレーゾーンを持っていないから、なんとかなると思うこともできず苦しむ**んだよね。


なんとかなるっていうのは、宇宙の法則なんです。

すごく大きい。

私たちは、どんな問題でも必ずなんとかなるっていう、ものすごくでっかい力に守られているんだ。

大きい神様がコンピュータだとしたら、私たちはその端末機みたいなもの。

端末がショートしそうになったときは、神様がホストコンピュータをコチョコチョッて操作してくれるから、サッと危機を回避できるんです。

ただ、あなたの問題は、あなたが解決しなきゃいけない。

あなた自身でなんとかするほかないんです。

神様にお願いするにしても、問題をお預けするためのスイッチはあなた自身が押すんだよね。

そのスイッチはどうやったら押せるんですかって、「なんとかなる」と言ってみることだよ。

ムカつく時間も次第に減っていくよ

人間、生きているとムカつくこともあるし、イライラすることもある。

だけどね、ムカつこうがどうしようが、なんとかなると思っていれば、必ずなんとかなるんだよね。

「なんとかなる」

この言葉が常に心の中にあれば、ムカついたまま、なんとかなるから大丈夫なの(笑)。

でね、そういうことがわかってくると、だんだんムカつく時間が減ってくるし、

そのうちに**ムカつくこと自体なくなります**からね。

ウンコにはハエ、花にはチョウ(笑)

「なんとかなる」って思うと、ものすごく高い波動の中に導かれます。

あなた自身、いい波動で生きられるようになるわけです。

すると、自分の味方になってくれる人や、素敵な人がどんどん寄ってくるようになります。

一人さんはよく、「いい人と悪い人の見分け方を教えてください」とかって相談されるんだけど、そんなことしなくてもいいの。

あなたが、なんとかなるという思いを持って生きていれば、勝手にいい人だけが寄ってくるから。

自分からいい人に寄っていく必要もないんだ。

ウンコにはハエが寄ってくる
花にはチョウがとまる（笑）

それが神の摂理で、すべてにこのルールが通じるの。逆はないんです。

あなたが花になれば、必ずきれいなチョウが飛んでくるよ。

間違っても、ウンコにならないようにしようね（笑）。

第2章

毎日を笑って暮らせる「魔法の言葉」

人生は自分の思いで作られるんだ

あなたが信じていることは、必ず現実に起きます。
「私は絶対に幸せになれる」と信じていれば、その通り幸せになれます。
だから、安心してそう信じていたらいいんだよね。

ときどき、こういう人がいるの。
「幸せ過ぎて不安になることがあるんです」
幸せ過ぎて不安？
いったいなにが怖いんだろう？
モテ過ぎたら怖いって？　一人《ひとり》さんの場合は、モテないほうがよっぽど怖い（笑）。
あのね、幸せ過ぎて怖いように感じるのは、結局、本気で「幸せになれる」と信じていないからだよ。

私たちは、神様と「幸せになります」と約束して、命をもらってこの世に生まれてきたの。幸せにならないのは、神様との約束を破ることになるんだよ。

幸せになるのは、私たちの義務なの。

幸せになって当然なんだって、それくらい思わなきゃダメだよ。いいかい？

一人さんはずっと昔から、「俺は金持ちになるのが当然だ」と思っていたよ。

だから納税日本一にもなったし、ここまで豊かになれたんです。

お金持ちになり過ぎると怖いって思う人は、お金持ちになったとき、必ず怖い目に遭うの。

でも私はそんなこと思いもしないから、ますます幸せも大きくなっていくんです。

人間は、心で思ったことを呼び寄せます。

私たちの人生は、環境によって左右されるわけじゃなくて、自分の「思い」で作られるの。

与えられた環境がどんなに悪くても、**豊かな思いさえあれば、お金持ちにもなれるし、出世もできる。うんと幸せになることができる**んだよ。

人生のバランスが自然と整うよ

この世には、陰陽のルールっていうのがあるんです。

思考＝陰
行動＝陽

陽が強過ぎてもいけないし、陰が強過ぎるのもまずい。
陰陽のバランスが取れていないと、なにをしてもうまくいかないんだよね。

で、この陰陽のバランスを取ってくれるのが、

「なんとかなる」

っていう言葉なんです。


なんとかなる、なんとかなるって言っていると、次第に、なんとかなるような言葉を話し始めるんだ。

それから、なんとかなるような行動を取り始める。

絶妙なバランスで、陰陽が調整されるんです。

自分で意識しなくても、勝手にそうなるの。


すると、あなたの醸し出す「ムード」が変わってきます。

適度にゆるみがあって、人を笑顔にするような、すごく優しいムードになるの。

あなたの周りには、同じように素敵な人が集まり始めて、いろんな手助けをしてくれます。その手助けに支えられて、あなたは楽しく、笑顔で好きなことに没頭す

る。

気がついたときには、あなたは自分が思っていた以上に幸せな現実のなかにいるんだよね。

言葉も行動も、ムードも、なに一つ伴っていない人ってね、「なんとかなる」と思っていないんだよ。

「なんとかなる」って言って、陰陽のバランスを整えてごらん。

絶対に、言葉も行動もよりよく変わるよ。

どんな大きな夢でも簡単にかなうんだ

「海外旅行をしたいけど、お金がないんです」

って悩んでいる人がいるとします。

それはね、その人が本気で海外旅行をする気がないだけだよ。

本当に行く気があったら、少しでも貯金しようとするはずだし、パンフレットだって取り寄せるんじゃないかな。

本気の人は、今、自分ができることをやり始めちゃうものなんだ。

「かなうかかなわないかわからない夢ですが……」とかって、そういうことを言う人は、その夢がなんとかなると思っていないんだよね。わかるかな？

今は現実的に難しいっていうのなら、いったん大きい神様にお任せしちゃえばいいんだよ。そうすれば、必ず神様がなんとかしてくれるの。

「なんとかなる」という言葉は、悩みや苦しみを解決するためだけじゃなくて、こうなりたいっていう願望をかなえるために使ってもいいんです。

だったら、楽しいことを考えたほうがいいよね。

それがものすごく大きな夢だとしても、「なんとかなる」と信じている人は、必ずなんとかなるよ。

神様は、この地球はもちろん、宇宙にある星も全部作ったの。この世のすべては、神様のものなんです。

だから神様にお願いしたとき、「ごめん、それはちょっとかなえられないな」って断られることはないんだ。

この世の中の女性だって、全部神様が作ったんだよね。

75億人の半数が女性だとすると、そのなかで100人くらい一人さんに惚《ほ》れさせてもらうなんてワケないの（笑）。

神様の手にかかれば、私たちの夢なんて簡単にかなえられるんです。

いくつになっても「理想の自分」でいられるよ

年齢を重ねると、肌のハリやツヤが失われたり、体力が低下したり、病気がちになったりして、老いていく自分と向き合わなきゃいけなくなります。

魅力的な人を見ると、

「あの人は年を取っても、若いとき以上にモテてるな。私もあの人みたいに魅力的になりたいな！」

そんなふうに、誰だって思うよね。

あのね、**一番のアンチエイジング法は、「なんとかなる」って思うこと**だよ。

「なんとかなる」と思っている人には、その人に必要なものが与えられるんです。

それが化粧品なのか、サプリメントなのか、運動なのか、恋愛なのか、仕事なのかはわからない。

とにかく、あなたが若々しくあるために一番必要なものを、神様が教えてくれるんだよね。

年を取っても、素敵な人っています。

そういう人のまねをしたら、自分もきれいになれますかって、そうしたいんだったらすればいいの。

でもね、「絶対なんとかなるはずだ」っていう思いが伴っていなければ、いくらまねをしても難しいよ。

本気で「なんとかなる」と思っていない人は、そのうち「どうせ大した効果はないだろうな」とか、そういう思考になってきて、効果が出る前にまねすることを諦めちゃったりするの。


宇宙の摂理では、「なんとかなる」と思っている人は、人のまねをしようがどうしようが、理想の自分になれるんです。

「なんとかなる」と思っていれば、必ずなんとかなるような行動に導かれる。

だからいくつになっても、今の自分が一番好きでいられるんだよ。

必要なのは地道な努力じゃなく心の豊かさ

なんとかなるって思えば、必ず幸せになれるよ。

そんな話を聞いたら、

「今すぐに、この苦しみから解放されたい！」

「私はいつになったら、お金持ちになれるんですか？」

って、あせりが生まれてくることもあると思います。


わかるよ。

でも、**あせらなくていいからね。**


よく、物事には順序があるから手っ取り早く成功を望むのはいけないとか、地道に努力して一歩一歩じっくり前に進まなきゃいけないとか、そう言う人がいるけれど、一歩一歩進まなくたっていいんです。

大切なのは地道な努力なんかじゃなくて、あなたの豊かな心です。

心が豊かになれば、間違いなく、あなたにもたらされる現実も変わってくるんだ。

いいほうにワープしてしまうんだよ。


一人さんはね、昔から、こんなことをずっと考えていたんです。

天は、どういう人の味方をするだろう。

神様は、どんな人間にチャンスをくれるだろうかって。

で、わかったんです。


いばってるヤツ、人のあげ足を取るヤツは、神様にも嫌われるよね。

反対に、心が豊かな人——優しい人とか、笑顔の素敵《すてき》な人って、神様にも周りの人にも好かれる。

だから私は、このルールに従って生きてきました。

そして、ものすごい成功を手にしたんだよね。


心の豊かさって、太陽みたいなもの。

陽の当たるほうは暖かくて、キラキラまぶしいから、そっちへ向かっていけばいいんです。

例えば、東京から大阪に向かいながら北海道に着くことはないように、明るくて暖かいほうへ進んで不幸になることはないんだ。


人をねたむとか、あせってイライラするとか、そういうのは貧しさの表れだよ。心が貧しくなっているの。

貧しい心は、豊かな心とは真逆だから、現実にますます貧しくなってしまいます。


それよりも、**人にいいことがあったら、「おめでとう」って言ってあげたり、どんなに小さなことでも、今ある自分の幸せに感謝したり、できることからすればいいんです。**

心が豊かになれば、現実の豊かさもついてくるの。

だから苦しみは消えていくし、お金だってたくさん入ってくるようになるよ。

大丈夫、必ずなんとかなりますからね。

親の七光りのなにが悪いんだい？

今すぐに必要なお金があるのに、それを用意できない。

こういう緊急事態に直面したとき、どう対処すればいいのかという話をしますね。

どうしてもお金が必要なときはね、まず落ち着いて、自分の周りを見渡してごらん。

今の自分にできることはないだろうかって、冷静に考えてみるの。

で、例えば親御さんに借りるという選択肢を思いつくとする。

ところが、みんな次の瞬間、こんなふうに思うんだよね。

「親にお金を借りるなんて恥ずかしい」

あのね、それは違うよ。

頼れる人がいるのは、ものすごくありがたいことなんです。

そういう人がいてくれること自体、**「この人に頼ってもいいんだよ」ってこと**なの。

よく、親の七光りは嫌だって言う人がいるけれど、親としては、親の七光りも利用できない子が一番困るんです（笑）。

お金だろうと、七光りだろうと、あるものは使っていいの。

親がお金を出せる人は、出してもらったらいいんだよ。


親というのは、お金を出したくてしょうがないんです。

結婚式でも、若いのに何百万円とかける人がたくさんいるでしょう？

当人たちはまだ若くてお金を持っていないのに、豪華な結婚式ができるのは、親のお陰なんです。

もちろん、全員がそうだとは言わないよ。なかには自分たちで支払っている人たちもたくさんいると思いますので、一つのたとえ話として受け取ってくださいね。

それとか、振り込め詐欺やなんかが多いのも、親は子どもがお金に困っていたら、なにがなんでも助けてやりたいって思うからだよ。

その親心を犯罪に利用するなんて、とんでもない話だけどね。

親は、子どもに頼って欲しいものなんです。

肩ひじ張らないで、困ったときは親に甘えていいんだ。

親だって、あの世まで財産を持っていけないんだから、自分が生きているうちに子の助けになりたいの。わかるかい?

快く貸してくれる人がいるというのは、あなたが持っている財産と同じだよ。

で、自分も必ずお金持ちになれると思っていれば、いずれ導かれていく。

じゃあ、親に経済的な余裕がない場合はどうするんですかって、そういうときは、**あなた自身がなんとかできる器量を持っている**ということです。

いずれにせよ、「なんとかなる」んだよ。

家や部屋だって自然とキレイになるよ

一人さんはいつも、**「家をキレイにしようね」**と言います。

なぜかと言うと、家の中にはいろんな神様がいて、私たちを守ってくれているからです。

キレイに片づいた部屋は居心地がいいですから、神様が喜んで、ご褒美《ほうび》をくださる。だから、うんと幸運が舞い込んでくるの。

そうすると、

「私はモノが捨てられず、掃除も苦手です」

っていう人が必ずいるの。

あのね、もし掃除が苦手だとしても、絶対に「私はダメな人間だ」とか、自分を責めちゃダメだよ。

掃除ができなくても、なんとかなります。

「なんとかなる」と思っている人は、そのうちなにかのきっかけで掃除が楽しくなるかもしれない。


掃除好きな奥さん（もしくは旦那さん）が来てくれるかもしれない。

クリーニングサービスを利用できるくらい、経済的にゆとりが持てるようになるかもしれない。

とにかく、なんらかの形で解決しますからね。


ただ、汚れた部屋に住んでいる人に、一つだけお聞きしたいんです。

ひょっとしてあなたは、**自分のなかに許せないものを抱えていないかい？**

自分を責めていないかい？

部屋が散らかっているのは、自分はキレイな部屋に住む資格がないっていう心の表れだったりするんです。

同じように、お金がなくてずっと苦しい状態が続いている人も、なにか自分を貧しい環境に置いておかなきゃいけない理由があるんだよね。

ある意味では、心の病なんです。

その病を治すのも、

「なんとかなる」

っていう言葉だよ。

1日に何回言ってもかまいません。気がついたときに「なんとかなる」と言ってみてください。

そうすると、だんだん自分が許せるようになってくるからね。

で、**本気で「なんとかなる」と思えたとき、現実はガラッと変わるよ。**

解決しない悩みは神様からのサインなんだ

神様は、幸せになることを私たちに課しました。

私たちは今世《こんせ》、絶対に幸せにならなきゃいけないんだよね。

なのに人は、ちょっとしたことですぐに悩んでしまいます。悩んで苦しんで、幸せとは真逆の方向へ進んでしまう。

幸せにならなきゃいけないんだったら、神様はなぜ、人をこれほど悩み深い生き物に作ったのだろう――。


そう思うの、よくわかるよ。

だけどね、悩んじゃいけないわけではないの。

神様が「悩む」ことを人間にくっつけたのには、意味があるんです。

悩むって、学びの一つなんだ。

悩みから始まって、どうしたら悩まないでいられるだろうかって。

そこへ辿《たど》り着くまでに得るたくさんの学びのために、神様は悩むことを授けてくださったのです。

人は、だんだん利口になるの。

悩むことで、魂を成長させていくんだ。


あなたがこの本を手に取ってくれたということは、もしかしたら、なにか悩みを抱えているのかもしれませんね。

あるいは、今もそこそこ楽しくやっているけれど、じゅうぶんな幸せを感じられていないとか？

いずれにしても、もっと自分を成長させたいという思いは共通しているんじゃないかな。

だとしたら、その思いを満たすには、

「なんとかなる」

――これしかないよ。


あのね、あなたの抱えている悩みが、あなた自身の力でどうにかできることなら、とうに解決しちゃってるの。

ところが、いまだに解決していないということは、

「これはあなたには解けない問題だから、神様にお任せしなさい」

という合図なんだよね。わかるかい？


どうにもならないことは、悩んでいてもしょうがない。どれだけあなたの貴重な時間を費やして悩んでも、たぶん解決しないよ。

だったら、そんな厄介な問題は神様にお任せして、あなたは自分の好きなことをして笑って過ごすの。

みんなが悩み苦しむのは、「なんとかなる」という言葉の使い方を知らないからだよ。

「なんとかなる」という言葉のスゴさを知らないからなんです。

いつでも使える宝物が目の前にあるのに、それがまったく見えていないし、見えていても使い道を知らない。

だけどあなたはもう、この宝物を手に入れて、正しい使い方も知りました。

使わない法はないよね（笑）。

第3章

人付き合いや子育てもこれでうまくいく

「なんとかなる」でお金持ちにもなれるよ

一人《ひとり》さんが、これまで生きてきたなかで感じたことをお伝えしますね。

ただ、これが全員に当てはまるわけではありません。

あくまでも、こういう見方もあるよってことですから、そのつもりで参考にしてくださいね。


あのね、お金に悩んでいる人は、なかなかお金を持てないんです。なにをしてもお金に困ってまた悩む……という繰り返しなの。

で、思いがけずお金が入ってきたとしても、上手に使うことができないんです。

お金に振り回されてバカなことをしたり、ちょっとお金を持ったからっていばり散らして周りから嫌われたり……。

結局、お金を「幸せになるための道具」として使いこなすことができず、お金に使われちゃうんだよね。

要は、器ができていないということです。


お金に悩んだからって、お金は入ってこないよ。

悩んでお金持ちになれるんだったらそうすればいいけれど、むしろ悩んでいる人ほど、お金を手にすることができない。

お金を手にしたとしても、せっかくのお金で失敗してしまうんだ。


ずっと幸せでいられるお金持ちってね、お金のことで悩んだりしないよ。

お金があるのは、当たり前だと思っているんです。


過去に貧しい時代があった人でも、その当時から、貧しいなりにそのなかで幸せを見つけるのが上手だった。お金がなくても悩んだりせず、なんとかなると思って、明るく顔晴《がんば》った（一人さんは「頑張る」をこう書きます）んです。

悩むより、「なんとかなる」と思うこと。

それが心も経済的にも豊かであり続けるための、一番の近道ですよ。

子どもがキラキラ輝き始めるんだ

お子さんがいるかたは、いつもこんなメッセージを伝えてあげてください。

「生きているといろんなことがあるけれど、なにが起きても、絶対なんとかなるからね。心配しなくて大丈夫だよ」

テストの点数が悪くてもいいの。
悲観することはありません。
本当ですかって、じゃあお母さんが子どもの頃、テストで100点ばっかり取っていたクラスメイトがどれだけ出世したか見てごらん（笑）。

学校の成績がいいかどうかなんて、将来の幸せにはあまり関係ないんです。

もちろん、勉強が好きな子だったら、勉強が幸せにつながる場合もあるけれど、勉強が嫌いな子に無理やりさせたって、よけい勉強が嫌いになるだけだよね。


人生はなんとかなるから、好きなことをやりな。

親御さんがそう言ってあげると、子どもはキラキラ輝き始めるんです。

なんとかなるって信じている子は、好きなことに夢中になれる。罪悪感なしに、好きなことに没頭できるんだよね。

そうすると、好きなことでうまく人生を切り開いていっちゃうの。

すごく幸せな人生を送れるんです。


親御さん自身も、そういう姿勢をお子さんに見せてあげてください。

親の口癖が「なんとかなる」っていう家の子は、絶対になんとかなると思えるようになります。

それと、もしお子さんが学校でいじめられたりしたときは、親として気が気じゃないと思います。

でもね、そういうときこそ、

「なんとかなる」

「なんとかなる」

「なんとかなる」

って言ってみてください。

1日に5～6回でいいから（もちろん、もっとたくさん言えば言うほど効果は高くなりますよ）、とにかく「なんとかる」って言うの。

自分でどうにもできないときは、神頼みをすれば、必ず神様がうまく解決してくれるからね。

子どもに脅しをかけていないかい？

こないだ、あるお母さんにこんな相談をされたの。

「子どもの偏食がひどくて心配なんです。なんとかなると思っていれば、偏食が治るでしょうか？」

「なんとかなる」と思うところまでは、大正解！

ただ……、偏食が治るでしょうかって、この言い方には、治って欲しいと思う親の執念が込められているよね（笑）。

その期待が、子どもにプレッシャーを与えるんです。


偏食が治るかどうかは、心配しなくていいんだよ。

なんとかなるから、そのままでいいの。

絶対なんとかなると信じていれば、現実は勝手に変わっていくからね。

偏食が治らなくても、例えばその子に合ったサプリメントに出合えたりして、必ずなんとかなる。今は質の高いサプリメントだってあるから、そういうものをうまく取り入れたらいいいんです。

これは誤解しないで欲しいんだけどね、偏食で悩めるって、すごく豊かな証《あかし》でもあるんだよ。

昔は、食料を手に入れるだけで大変だったの。

好き嫌いなんて言っていられなかった。

それが、今はあり余る食料に恵まれていて、そのなかで「コレは食べられる、アレは嫌い」って、昔を思えば大した問題じゃないよね。

偏食なんて絶対に許されなかった時代と今とでは、全然違うんです。

今の子どもたちは、この時代に合った方法で、ちゃんとなんとかなります。

それよりも、**「こんなことじゃいけないよ」って子どもを脅すことのほうが、よっ**

ほど子どもに悪影響があるよ。

心配ないよ。

「なんとかなるから、大丈夫」

お子さんにも、そう言ってあげてくださいね。

苦しいのは最善を目指しているからだよ

小さいお子さんを持つお母さんから、こんな相談を受けたんです。

「子育てをしていると、なかなか自分の時間が持てず、つらいです」

子どもの面倒を見るのは想像以上に大変なことですから、苦しくなることもあると思います。

でもね、暗いほうへ考えちゃったら、ますます暗くなるような現実が引き寄せられるだけだからね。

「なんとかなる」

そう思ってごらん。

子育ての合間に、気晴らしでネットショッピングをしようとか、好きな芸能人のブログを読もうとか、やれることがけっこうあることに気づけるんじゃないかな。ツワモノだったら、育児の合間に浮気できるな、とか思うかもわかんない（笑）。

「なんとかなる」と思っていれば、必ずなんとかなるんです。

昔なんて、5人も6人も子どもがいたんだよね。なかには10人くらい生むお母さんもいたの。

掃除機も洗濯機も炊飯器もない時代に、そりゃあ忙しくて大変だったはずだよ。だけど、昔はそれが当たり前だったし、なんとかなったんです。

それに比べるとね、今は便利な生活家電もたくさんあるし、昔よりははるかに自分の時間を作りやすいはずです。

それなのに苦しいのは、呪縛のように「最善」を求めているからだよ。家事や子育てに最善を求め過ぎて、がんじがらめになっちゃっているの。

掃除が毎日できなくたって、命に関わることはないよ。

ちょっとくらい料理をサボッても、外でいくらでもおいしいものが買えるの。子どもの食事だってね、ご飯と具だくさんのお味噌汁でも食べさせておけば、ちゃんと栄養も取れて育つんです。きれいに盛りつけなくてもいいんだよね。

もっと手抜きしていいの。

そもそも考えてごらん。

あなたは、最善の親になれるほど優秀かい？

そうじゃなかったというのは、小学校、中学校……と、過去の成績を見たらわかるよって（笑）。

あのね、「中の下」だった人間が、いきなり「上の上」を目指そうって、それは無理だよ。
なんでも、ほどほどがちょうどいいんです。

人付き合いはシンプルに考えてごらん

それとね、最近はママ友とかパパ友とかのお付き合いも大変だそうですが、人間関係でうまくいかないとき、子どものことがあるからって我慢する必要はないんだよ。

最近は大人同士でもいじめがあったりするんだけど、運悪くそういうことをする相手に出会っても、なんとかなると思って放っておけばいいの。

ママ友（パパ友）から仲間外れにされたって、なんとかなるんだよ。

嫌なヤツは相手にしなきゃいいんです。

試しに仲間外れにされたまま、放置してごらん。

あなたが「なんとかなる」とご機嫌に過ごしていれば、日常生活はなにも変わらないから。

むしろ、ヘンな人と付き合わずに済んで、そのぶん幸せかもわかんない（笑）。

難しく考えるから苦しくなるの。もっとシンプルに考えるといいよ。

「なんとかなる」と思って笑顔でいるとね、そういうあなたを好きになってくれる別のママ友（パパ友）と仲良くできたり、嫌な相手が引っ越したり、なにかしらの形でうまくいくんです。

自信を持って、「なんとかなる」を貫けばいいよ。

なにをしても、どこに行ってもうまくいくから

夫婦関係とか、恋愛関係などのパートナー問題も、先ほどのママ友・パパ友問題と同じです。

相手のことが嫌になって別れたいのに、子どもがいてなかなか踏み切れない。常識ではそんなふうに考えるかもしれないけれど、一人さん流では、別れようが一緒にいようが、どっちでもいいんです。

一緒にいてもなんとかなるし、別れてもなんとかなる。どちらを選んでもうまくいくから、あなたの好きなほうを選んだらいいの。なんとかなると思っている人は、なにをしても、どこへ行ってもうまくいっちゃうんだよね。

で、別れたくないのに、パートナーから別れたいと言われた場合なんかは、流れに身を任せていたら、自然とあなたの都合のいいほうへいくから大丈夫です。

別れないほうがあなたにとってよければ、別れないほうへ話が流れていく。別れたほうがいい結果になる場合は、自然とそういう流れになります。

自分で苦渋の判断をするより、難しい問題は神様にお預けしちゃったほうがいいよ。

必ず、自分に一番いい形で解決するはずだから。

もし、別れるときにつらくて泣いたとしても、時がたってすばらしい人に出会えるかもしれない。

そうしたら間違いなく、

「あのとき別れていて、本当によかった！」

って思えるよね。

そもそも一人さん流でいくとね、別れ話が出る前に、もう次の人を用意しておくくらいじゃなきゃダメだよ（笑）。

備えあれば憂いなし、です（笑）。

よく、「相手が離婚を考えているなんて、ちっとも気がつきませんでした」とかっていう人がいるんです。

あのね、それっておかしいよ。

夫婦として何年も一緒に暮らしてきて、相手に好きな人がいるとか、離婚したがっていることとかに気づかないのはおかしいの。

そのくらい、あなたも相手に関心がなかったということじゃないかな。

離婚話が出るときは、我慢しているほうが別れを切り出すことが多いらしいんです。

もちろん、すべてのケースに当てはまるわけじゃないけれど、**ひょっとして自分は相手に我慢させていなかったかな……**って、考えてみるといいね。

パートナーは「いい人だけど、嫌なところもある」がいい

少し前に、こう言う人がいたんです。

「パートナーがケチ過ぎて嫌になる。でも、いいところもたくさんあるから別れたくないんです」

一人さんには、なぜ別れたくないのかまったくわかりません。

ケチな人のどこに惚《ほ》れているんだろう？　貢ぐのが楽しいのかなって（笑）。

ケチだけどいいところもあるって言うんだけど、それって相手のいいところを無理に探しているということだよね。

だって、嫌なところがまず目についているんだもの。

もし本当に相手が好きだったら、

いいところがたくさんある。

でも、嫌なところもある。

こうなるはずなんです。

いいところが先にくるのが正解なの。

でね、ケチだとかなんだかんだ言いながら結局別れないのは、心のどこかで離婚はいけないことだと思っているんだよ。よくある話だね（笑）。

あなたのパートナーがケチだとしたら、旦那さん（もしくは奥さん）が貯めてるお金を、あなたが気前よく使っちゃえばいいんじゃないのって思うよ（笑）。

二人してケチじゃどうしようもないからね（笑）。

あなたのお金は、私が全部使ってあげるわ。どんどんケチって貯め込んでねって。

そう考えたら、相手のケチなところがものすごく魅力に思えるかもしれないね（笑）。

第4章

お金持ちになりたいなら口癖にするといい

「ベンツに乗る！」の思いがベンツを引き寄せるんだ

どんな仕事でも、「仕事」と名が付くものは、必ず儲《もう》かるようになっています。儲からないものは存在しないんだよね。

なのに、同じ仕事でも稼げる人と稼げない人がいるのはなぜか。

それはね、「思い」の違いなんです。

要は、**あなたはどのくらい豊かな気持ちでいますか**ってことなんだ。

「俺の仕事はこんなもんだから、家族が食っていけたらいいや」

そう思っている人は、家族が食べていけるくらいの現実を見事に引き寄せます。

「俺はこの仕事でうんと稼いで、ベンツに乗るんだ。大丈夫、なんとかなる」

で、こういう気持ちで仕事をしている人には、神様がスゴい知恵を授けてくれるの。その知恵で、ベンツがポンと買えるくらい稼げるんです。

最初は夢があったけれど、途中でその夢が消えてしまいました……。

そういう人はね、その夢に対して、「なんとかなる」って思えなかったんじゃないかな。と一人《ひとり》さんは思うんです。

簡単にくじけちゃうのは、「なんとかなる」って言ってなかったからだよ。


例えばある社長さんは、いつも美女に囲まれていたいっていう願望があったの。それはもう、笑っちゃうくらい強い願望だった（笑）。

この人がどうなったかっていうと、大成功したんです。

豊臣秀吉《とよとみひでよし》（農民から裸一貫で出世し、天下統一を成し遂げた戦国武将）にしても大変な女性好きで、大成功の陰には、「女性にモテたい」という並々ならぬ執念があったんだよ（笑）。

うんと大きな望みを持っていて、それを本気でかなえたいと思っているんだった

ら、大丈夫だよ。なんとかなるから。

安心して「なんとかなる」って言っていればいいんだよ。

成功したいなら豊かな考えを持つといいよ

はなゑちゃん（弟子の舛岡《ますおか》はなゑさん）はね、オシャレが大好きなんです。というより私が見たところ、はなゑちゃんは買い物が好きなの。

だって、買ったまま一度も着ていない服とか、一度も使っていないバッグやなんかがいくつもあるんだから（笑）。

普通の人は、そういうのは無駄遣いだとか、使わないのに買うなんてお金を粗末にしてる、バチが当たるとか、そんなことを思っちゃうんだよね。

悪いほうにばっかり思いを巡らせる。

でもね、一人さんの考えは違います。私はイケイケなんです（笑）。

どういうことですかって、**買い物が好きだったら、もっと買い物ができるくらい豊かになればいい**じゃないかって。

素敵なものを目にしたとき、はなゑちゃんは、「これを買ったら、うんと幸せを感じるだろうなぁ」って思った。

お財布を開けてみたら、それを買えるだけのお金もある。

だったら買えばいいの。

買ったまま着ていないものがあれば、欲しい人にあげちゃえばいいんです。相手はすごく喜んでくれるよ。

そういうことができること自体、すごく豊かな証拠だよね。

豊かなことをすれば、その豊かさに経済もついてくる。だから、ますます豊かになれます。

普通以上に成功したい人は、とにかく豊かな考えを持ってくださいね。

「数が多い＝正解」じゃないんです

どんな仕事でも、成功者って少ないんです。

そうすると、どうせ自分は成功できるはずがないと思い込んじゃったり、人が挑戦しようとしているところに、「失敗するからやめておきなよ」とかって水を差すようなことを言ったり。

行動する前から、成功の芽を摘《つ》んじゃうの。

でもね、ひとりでも成功した人がいるんだったら、あなたも成功できる可能性があるということだよ。

というより、その成功者より、もっと上をいける可能性がある。

世間の大多数が「こっちが正解」と言っているからって、それを鵜呑《うの》みにしちゃダメなんです。

失敗するくらいだったら最初から地道に生きたほうがいいよって、そうしたい人にとっては正解かもしれないけれど、挑戦したい人にとっては間違いなんだ。


例えば、東京大学を受験するとします。

受験する人より、合格者のほうが圧倒的に少ないんだよね。

じゃあ、大多数の不合格者のほうが正解かというと、そういうわけじゃない。少数だけど、合格者のほうがマルだよね。

人数が多いか少ないかは、正誤に関係ありません。

どんなに成功者が少なくても、なんとかなるっていう強い思いを持っていれば、神様が味方してくれるよ。勇気を出して挑戦してごらん。

心の豊かさは爽やかな気持ちに表れるよ

幸せになりたい、成功したいと思うとき、その気持ちに水を差すのが「ねたみ」

なの。

自分の近くにいる人が成功すると、

「なんであの人ばっかり……」

「どうして私にはいいことが起きないの？」

そうやってねたんだり、悪口を言ったり。

あなたは、思い当たることがないですか？

「よかったね！」

そのひと言が出ないのは、やっぱり心の貧しさじゃないだろうか。

だったら、心はメラメラ嫉妬が渦巻いているのに、口では「よかったね」と言えばいいんですかって。

それじゃダメだよ。

なぜなら、あなたの思いが現実を作るから。

言葉ってね、口先だけで言えばいいわけじゃないんです。

心から思うこと。

それで初めて、自分に幸せを呼ぶことにつながるの。で、そのことがわかってこそ、心から爽やかに「よかったね」が言えるんだ。


あなたの心の豊かさを表すのは、**その爽やかな気持ち**だよ。

そして、その心の豊かさが、あなたに普通以上の、ものすごい未来を運んでくるんです。

人はみな「神の子」だから、この瞬間から変われるんだ

あなたが今、

「私は人をねたんでばかりです……」

そう思っているとしても、大丈夫だからね。絶対、大丈夫だよ。

豊かな考えを持てるようになりたいって思えば、その瞬間から、間違いなくそういう心に近づくんです。必ずできるようになるよ。

なぜですかって、人間はみな「神の子」だから。

本当は誰でも、神の考えができるんです。

真我《しんが》という言葉があります。簡単に言うと、自分の深い部分にある本当の意識とか、自分の根源というような意味なんだ。

この真我は、「神我」とも表されるんです。

つまり、あなたの深い部分には神の心がありますよって。

この世界は、宇宙から地球からなにもかも、神が創造したものです。全部神のものだから、神は誰かをねたんだりするわけがないんだよね。

その神と私たちは、一体なの。

あなたも心の深い部分では人をねたんだりしないし、もっと言えば、**神ができる**

ことは私たちにもできるんだよ。

で、こう言う人がいるんです。

「豊かな考えを持とうって実践もしているのに、どうして私はうまくいかないんですか？　私の夢は、いつになったらかなうんですか？」

あのね、そんなことを言っている時点で、心のなかではめちゃくちゃ疑っているということだよね（笑）。

絶対になんとかなる、夢はかなうって、本気でそう思えないんだよね。

でも、大丈夫。

「なんとかなる」と言っていれば、なんとかなると本気で思えるようになるんです。

それが今わかったんだから、この瞬間から、「なんとかなる」って言いな。

大丈夫。なんとかなるから。

嫉妬心はチャンスが来たサイン

そもそも、あまりにも相手がスゴい場合って、嫉妬心は湧かないものなんだ。

例えばテレビで相撲を観て、横綱が相手力士を豪快に投げ飛ばす。その姿に、あなたは嫉妬するかい？

いや、あなたが力士だったらそういうこともあるかもしれないけれど、サラリーマンだとか商人だとか、一般の人が見て嫉妬することはないよね。

普通は、ただ「スゴいなー」と感心するだけなんです。

嫉妬心っていうのは、相手が自分と同じようなレベルだから湧いてくるんです。

勝てない相手には、嫉妬しようと思ったってできないものだよ。

嫉妬心が湧くのは、相手に勝てるということ。

嫉妬するのは、あなたにもそれができるよっていうサインなんだ。

だから、**嫉妬したときは、思い切ってチャレンジしてごらん。**

失敗なんか恐れなくていいの。

なんとかなる。必ずうまくいくよ。

本当のライバルは自分の貧しい考えだよ

こんな質問があったんです。

「選挙などでは、よくネガティブキャンペーンでライバルの評価を下げたりするのですが、見ていて気分のいいものではありません。

一人さん流の、ライバルに勝つ正しい方法を教えてください」


お答えしますね。

あのね、この世にはライバルっていないの。

じゃあ、相手をライバルだと感じているのはなんなんですかって。

自分の貧しい考えとの闘い

これが正しい答えだよ。

試しに、あなたがライバルだと思っている人に聞いてごらん。

たぶん、「私はあなたをライバルだと思ってないですけど」って言われるから（笑）。

たいがいは、相手になんとも思われてないの（笑）。


「あいつに負けて悔しい」

「こいつには負けられない」

そういう感情は、相手のせいではありません。

自分のなかにある考え方の問題なんだよね。わかるかい？

悔しがるのではなく、**心から相手を祝福したり、相手のいいところを自分に取り入れたりすればいいん**です。

それでも嫉妬したときは、チャンスが来たと思って自分も行動する。

それしかないよ。

大丈夫。なんとかなるから。

成功は「雪だるま」と同じ。転がりながら大きくなる

いつも言っているのですが、一人さんって失敗したことがないの。

成功や大成功はいくらでもあるけれど、失敗も大失敗もないんです。

どうしたら失敗のない人生を歩けるんですかって、簡単なことだよ。

「なんとかなる」と思いながら生きるだけです。

私が創業した「銀座まるかん」という会社も、最初は小さかったんです。

それを、

「なんとかなる」
「なんとかなる」
「なんとかなる」

この繰り返しで、少しずつ大きくしていった。
雪だるまと同じだね。転がしているうちに、だんだんでかくなる。
成功とは、そういうものです。

「この人!」っていう成功者に触れてごらん

すばらしい成功者を見つけたら、その人からよい波動をもらうといいんです。
だから、「この人!」っていう成功者がいたら、ちょっと近づいてみるといいよ。

そうすると、自分の波動も上がるから。

近づくといっても、相手を待ち伏せして握手を求めるとか、そういうことじゃないからね（笑）。相手の迷惑になっちゃうんじゃ、しょうがない（笑）。

実際に近づかなくても、その人の書いた本を読むとか、講演会のＣＤを聞くとか。

今だったら、動画共有サービスのＹｏｕＴｕｂｅやなんかでも、いろいろ見聞きできるかもしれません。それでじゅうぶんなの。

あのね、釈迦《しゃか》の弟子でも、

「近くにいても遠い弟子　遠くにいても近い弟子」

っていうのがあるんです。

師匠のすぐ近くにいるのにさっぱりダメな弟子がいれば、遠くにいても、師匠の書物を読んだだけで深く学びを得た弟子もいるっていう話なんだよね。

学びに、距離が近いか遠いかは関係ないからね。

これから大金持ちがいっぱい出てきます

今、世の中は「魂の時代」に突入しています。

大転換期を迎えているんだよね。

魂の時代ってなんですかって、簡単に言うとこういうことだよ。


これまで世界では、戦争が絶えませんでした。

今もあちこちで争いごとは起きていますが、それでも昔に比べると、少しずつ減ってきているんです。

人と人、国と国がいがみ合うとどうなるか、人は長い時間をかけて学んできたの。

戦争をすることの愚かさに気づいた人が増えて、これからはもっと争いごとは減っていくんだ。

それとね、

男だからこうしなきゃいけない
女だからこうしなきゃいけない

そういう偏った縛りも、次第になくなってきているんです。

若い人を見ると、女性っぽさを備えたきれいな男性が多くなり、男性のような強さやたくましさのあるカッコイイ女性もたくさん出てきました。

男性とか女性とか関係なくて、どちらの魅力も持っているような、ひとりの人間として魅力的な人がすごく増えてきているんです。


自分を大切にして、人も大切にできる。

神様からいただいた「分け御霊《わけみたま》」を大切にできる、ものすごくレベルの高い人たちがどんどん生まれてきている。

それが魂の時代なの。

魂の時代はね、人に喜ばれることが重要なキーワードです。

これから、人に喜ばれることですごく豊かになる人がいっぱい出ると思います。

なぜですかって、今はインターネットで世界じゅうにつながることができるよね。特別な技術を持っていない人でも、ちょっとコンピュータの勉強をすれば、誰でも簡単に、世界を相手に仕事ができます。

あなたは、世界じゅうの人を喜ばせることができるんだ。

1000人喜ばせるのと、1万人喜ばせるのとでは規模が全然違うよね。

そうやって大成功して、個人でもケタ外れにお金を稼ぐ人がどんどん出てくるよ。

第5章

これこそが「神様が味方したくなる生き方」

「なんとかなる」で嫌なことは起きなくなるよ

人とコミュニケーションを取るのが苦手な人っているんです。

そうすると、生きづらくて苦しいとか、どうやったら人付き合いがうまくなるだろうかって悩み出すの。

でもね、苦手なことを克服しようとしなくていいんだよ。

そのままの自分で、「なんとかなる」と思っていればいいからね。


なんとかなるから大丈夫。

そう思っていると、不思議なんだけど、話から顔からムードから、全部変わってきちゃうの。意識しなくても、勝手に変わります。

苦しんでいた自分とは、印象が全然違ってきちゃうんだ。

すると、人生に起きる現象まで違ってくるよ。

人付き合いが苦手なことで、今までは嫌な出来事がたくさんあったかもしれない。それが、パタッと起きなくなるんです。

人間っていうのは、嫌なことを考えていると、現実でも嫌なことを引き寄せます。いつも、「人に意地悪をされたらどうしよう」ってビクビクしていると、誰かの些細《ささい》なひと言でも、「それ、嫌味じゃない？　この人は、私のことが嫌いなんだ」とかって思うんだよ。

反対に、人になにを言われようと気にしない人の場合は、もし相手が意地悪なことを言ってきたとしても、それを意地悪とも思わずサラッと流してしまう。**嫌なことでも、悪く受け取らずに済む**んだよね。

「なんとかなる」って信じると、そういう自分になれるということなの。わかるかい？

今、世間ではパワハラ（パワーハラスメント。立場の強い人が、自分より立場の弱い人や、部下などに身体的・肉体的な苦痛を与えること）が、すごく問題になっているよね。

もちろん、これはパワハラをする人が絶対いけないんだよ。

だけど一人《ひとり》さんは、こういう見方もできるんじゃないかなって思うんです。


あのね、世の中には「怒られマニア」みたいな人がいるんだよね。

例えば居酒屋さんなんかでも、すごく怖いオバちゃんがいるお店ってあるの。

で、なぜかお客さんがいっぱいで大繁盛してる。

「こら、お前なにやってんだ！」

「もっと詰めて座れ！」

とかって怒られて、お客さんはカウンターで縮こまりながらビールを飲んでいるんだけど、すごくうれしそうなの（笑）。

オバちゃんに怒られて、そこに母の愛を感じちゃうんだよね。怒られマニアにとっては、オバちゃんの罵倒《ばとう》は最高なんです。

ひょっとしたら、会社のパワハラ上司だって、怒られマニアにはたまらないのかもしれない。

そう考えて、上司がキレるたびに心のなかで、

「怒り方が甘い！　それじゃマニアは喜ばせられないぞ」

「うん、今のはまぁまぁだ」

みたいに評価して遊んじゃえばいいね（笑）。

おもしろくなって、そのうち上司がキレるのを待つようになっちゃったりしてね（笑）。

世の中はね、**自分がどう思うかで、現実はいくらでも変えられる**んです。

会社にパワハラ上司がいてムカつく人は、上司の言動をおもしろおかしく受け止めてごらん。で、「なんとかなる」って本気で思うの。

そうすると、上司が転勤でいなくなるとか、なぜか改心してパワハラをしなくな

るとか、あなたにすばらしい転職口が舞い込んでくるとか、必ず現実はあなたに都合のいい方向へ動くはずです。

一番の問題は、どうにもならないと思い込んでいる、あなたの「思い」なんだよ。

過去の過ちを気にする必要はないんだ

人は失敗したとき、咄嗟《とっさ》の嘘《うそ》でごまかそうとすることがあります。

そうすると、失敗したことに対する苦しみに加え、嘘で塗り固めた自分を許せなくなって、ますます苦しんじゃうことがあるんだよね。

でもね、そもそも失敗したってなんとかなるんだよ。

自分を取り繕うために、嘘をつく必要はないの。

過去っていうのは、「過ちが去る」と書きます。

人は、過ちの連続だよ。

あなただけじゃなく、みんな同じなの。

どんな失敗もなんとかなります。

悔やむより、**今を笑って過ごさなきゃダメ**だよ。

器の小さい人ほどすぐ怒るんです

ある人に、

「斎藤《さいとう》さんは、仕事中に怒ることはないんですか？」

って聞かれたんです。

もちろん、怒りません。

なぜですかって、そもそもうちの社員は、一人さんを怒らせるほど悪いことをしないもの（笑）。

あのね、部下のちょっとした失敗にすぐ怒る人っているんだけど、そんなの怒ることじゃないよ。次からはこうするといいよって、うまくいく方法を教えてあげたらいいだけのことなんです。

要は、その上司の器量が小さいんだな（笑）。

怒ってばかりの人は、そんなに怒らなきゃいけないことを相手がしたのかどうか、よくよく考えたほうがいいよ。

いい大人がデカい声を出して怒るほどの問題だろうかって（笑）。

私の感覚では、怒らなきゃいけないようなことって、日常生活のなかには一つもありません。もちろん、日常生活のなかには仕事も含まれるよ。

部下でも、生徒でも、子どもでも、怒る必要なんてないんだ。

それよりも、

「あなたなら、なにがあっても絶対なんとかなるよ」

って信じてあげる。必要なことを教えてあげて、あとは信じるの。
そうすれば、みんな勝手にグングン伸びるものだからね。
なんとかなるから大丈夫だよっていう、愛の大きさ。

これが一番大切。
そういう、大きな愛を持った上司が会社にいたらすばらしいね。みんなイキイキと働いて、会社もうんと伸びるんじゃないかな。

人のせいにして豊かになった人はいないよ

日本は、世界でも指折りの豊かな国です。
これだけ豊かに暮らすことができて、私たちはものすごく幸せなんだよね。
仕事だって、探せばいくらでもある。

心身に問題を抱えているとか、なにか特別な事情があるわけじゃなかったら、誰でもそれなりにお金を稼ぐことはできます。お金が全然なくて暮らしていけないってことはないよね。

働けばお金が入ってくるし、それなりに生活ができる。

で、そう思ってる人は、ちゃんと生活しているんだよね。

ところが、自分にできる仕事を顔晴《がんば》ることもせず、政治が悪い、役人が悪い、会社が悪いとかって、なんでもかんでも人のせいにする人がいます。

そうやって人のせいにすること自体、おかしいんだよね。

お金がなくて貧しいのではなく、**その心が貧しいから、いつまでたっても豊かになれないい**んです。わかるかい？

政治が悪いって言うんだったら、じゃあ自分がやってみなって。誰がやったって、今以上のことはできないと思うよ。

そもそも、素人がいきなり選挙に立候補したって、そう簡単に受からない（笑）。受かるだけで大変だし、もし当選しても、そこからさらに大変なんです。それを、はたから文句ばっかり言うのはおかしいよね。

私もたまに、
「斎藤さんが政治家になったら、世の中はもっとよくなりますか？」
とかって聞かれるんだけど、みんな一生懸命やっているの。
誰だって顔晴っているんです。
一人さんが政治家になったからって、急に世の中がよくなるようなもんじゃない。
第一、私は政治家になるつもりもないですからね（笑）。

人のせいにして豊かになった人はいないよ。
人のせいにして幸せになった人もいないよ。

幸せなお金持ちになりたいんだったら、**今、自分ができることから始めて、そこから雪だるま式に豊かになっていくしかない**んです。

大丈夫。なんとかなるから。

「私の人生、これから絶対なんとかなる」

いいものに触れたとき、

「もっと早くこのことを知っていたら、私の人生はどれほど違っただろうか」

って悔しがる人がいます。

一人さんの教えもね、ありがたいことに喜んでくださるかたが大勢いるんだけど、ときどきこんなふうに言う人がいるの。

「私はいろいろ苦労してきた。もっと早く一人さんの教えと出合っていたら、あんなに苦労せずに済んだかもしれません」

あのね、**今からでもじゅうぶん幸せになれるんだよ。**

過去を悔いてもしかたがないし、今こうして真剣に幸せになろうとしているあなたがいるのだって、いろんな過去があったからなの。

わかるかい？

まだまだ遅くありません。

「私の人生、これから絶対なんとかなる」

そう思って生きてごらん。

なんとかなると信じることは、神様を信じるのと同じなんです。

守護霊（あなたを守ってくれる霊）や、指導霊（あなたを成功に導いてくれる霊）を信じるということなんだ。

要は、神様があなたに味方したくなっちゃうような生き方になる。

だから、どんな問題でも必ず解決するし、どんな望みもかなうんだよ。

人を助けたいならまずは自分が幸せになるといい

あなたの周りに、苦しんでいる人がいるとします。

心配したあなたは、その人にこう教えてあげるんだよね。

「なんとかなるって思えば大丈夫だよ。うまくいくからね」

ところが、相手はあなたの話に耳を貸そうともしない。

「そんなことでなんとかなるんだったら、誰も苦労しないよ」

って、反発されたとします。


普通だったら、悲しくなると思います。

でもね、そういう人は放っておけばいいんだよ。

愛を持って放っておく「愛ほっと」に徹する。

人はみんな、それぞれ今世《こんせ》での学びが違うんです。

あなたの助言を無視した人はね、その結果どうなるかということを学んでいるの。

必要なことを学び終えたら、あなたに対する態度も変わるはずですが、それが今世のことなのか、あるいは2~3回生まれ変わらなきゃできないのか、それも人それぞれだからね。

愛ほっとで見守るときは、あなた自身がうんと幸せになることに専念すればいいよ。

人を助けたかったら、まずは自分が幸せにならなきゃいけない。

あなたが幸せになって、見本を見せてあげたらいいんです。それが一番だよ。

例えば、あなたが宝くじで毎回当せんしたら、みんなどう思うかな?

あなたと同じことをして、自分も宝くじに当せんしたいと思うはずだよね。

買い方のコツを教えて欲しいとか、どんなふうに日常を過ごしているのか知りたいとか、食べるものや服装までまねしたいと思われるかもしれない（笑）。

まずは自分が幸せになって見本を示せば、人はあなたの話を聞きたがるし、あなたについてきてくれるんです。

自分の浅知恵より「神様の超回答」

暴飲暴食がやめられない、お酒がやめられない、買い物がやめられない……。

このままでいいわけがないとわかってはいるものの、なかなかやめられない習慣ってあるよね。

そういうときも、まず、こう思ってください。

「なんとかなる」

健康診断で注意されたり、お金が底をついたりして、強制的にストップがかけられるかもしれない。なぜか自然と直ることがあるかもしれない。

いずれにしても、「なんとかなる」と思っていれば、あなたにとって一番いい状態になりますからね。

神様って、私たちが想像もつかないような形で答えを示してくれます。

超がつくような、スゴい回答をくれるの。

それなのに自分の浅知恵でなんとかしようとするから、余計にややこしいことになるんです。

神様にお任せしてごらん。

なにもかも、うまくいきますからね。

明るく生きていれば天国へ行けるよ

命あるものは、いつか死が訪れます。「そのとき」がきたら、素直に死を受け入れるしかないんだよね。

だけど、死後に天国へ行けるか、それとも地獄に落ちてしまうのか。

そういうことを考えると、自分は地獄へ行くことになるんじゃないかって怖くなる人もいると思うんです。


結論から言うと、心配は要らないの。

天国へ行きたいと思っていれば、天国へ行けますからね。


私たちの魂って、風船と同じなんだ。

風船に水を入れると、重力で下に落ちる。

反対に、空気より軽いガスを入れると、ふわーっと上に飛んでいくよね。

魂の風船は、私たちが生きている間はヒモでつながれているけれど、死んだ瞬間に切れるの。

ヒモが切れたとき、風船には泥水が入っているのか、幸せのガスが入っているかで、天国へ行くか地獄へ行くかが決まるんです。

風船が「軽い」ということは、「あ、軽い＝明るい」考えを持っているということ。

泥水は、言うまでもなく暗い考えのイメージだとわかりますね。

明るい人はスウッと天国へ向かい、暗い人は地獄へ真っ逆さまなんだ。

天国へ行きたい人は、「なんとかなる」って、いつも明るく生きていればいいの。

たったそれだけだよ。

「自分も他人も幸せ」がやっぱり一番いい

神様がもっとも嫌がるのは、私たちが、自分や他人の魂をいじめることです。

人間は神様から「分《わ》け御霊《みたま》」をいただいて、この世に生まれてきました。

つまり、誰かの魂を傷つけるのは、神様をいじめるのと同じことなんだよね。わかるかい？

じゃあ、魂をいじめるってなんですかって、人をいじめたり、苦しめたりすること。それから、自分を責めたり、我慢したりすることです。自分をいじめようが、人をいじめようが、末路は同じ。地獄に落ちるようになっているんだ。

人生には決算があるから、死んでから苦しまなきゃいけなくなっちゃうんです。

よく、自分をいじめるのはいくらやってもいいと思っている人がいます。

それは絶対ダメだよ。

あなたのなかにも神様がいるの。

自分も幸せ、人も幸せじゃなきゃいけないんだ。

だからって、今までたくさん自分や他人をいじめてきたから、私は地獄に行くかもしれないって不安になる必要もないよ。

もちろん、考えを改めなければ地獄へ行くことになりますが、死ぬ前に改心すれば、神様はいつでも許してくれるんです。

神様は愛と光と許しだから、あなたが改心すれば、過去の言動は全部帳消しになって天国へ行けるの。

今まで明るく生きてこられなかった人でも、今日から「なんとかなる」って明るく生きていったらいいんです。

死ぬ1カ月前だろうが、1日前だろうが間に合うよ。もっと言えば、死ぬ直前まで、あなたが考えを変える猶予はありますからね。

考えを改めた直後に死んでしまったとしても、神様は許してくれて、天国へ行けるんだ。

じゃあ、今じゃなくても死ぬ直前に考えを変えたらいいんですねって、せっかくこういう話を知ったのに、なぜ死ぬ直前まで引き延ばそうとするの？

聞いたが最後。四の五の言わずに、今からやればいいんだよ（笑）。

だって、一人さんは悪いことを勧めているわけじゃないからね。いいことをお勧めしているの。

自分を大切にして、人に親切にしてあげていれば、残りの人生がうんと幸せになれるんだから、やったほうがいいに決まってるよ。


この世に生まれてきたということは、あなたは幸せになる義務があるんです。義務があるってね、幸せになる努力をしなきゃいけないっていう意味だよ。

で、楽しく努力するためには、少しでも肩の荷を降ろす。


あなたが背負《しょ》い込んでいる間違った思い込みや先入観を、「なんとかなる」という言葉でどんどん捨てるんだよ。

なんとかなると思えば、明るく生きられるからね。

第6章

「なんとかなる」は一人さんの人生哲学

「真面目」と「立派」は絶対禁止！

一人《ひとり》さんは、お弟子さんたちに「真面目」と「立派」を禁止しているんです。

なぜですかって、日本人は、真面目と立派って自己犠牲だと思っているからなの。真面目で立派に生きるために、自分のことは後回しにしなきゃいけない。自分を優先しちゃいけない。

みんなそう勘違いしているから、ダメだよって言うんです。


自己犠牲ってね、他人には優しいかもしれない。

でもね、そのしわ寄せが、自分や家族にいっちゃうんだよ。自分が壊れちゃったり、奥さん（もしくは旦那さん）とか子どもとかが我慢のはけ口になっちゃったりね。

自分を犠牲にするだけじゃなく、大切な人まで犠牲にしてしまうんです。

だから、真面目と立派はやめなって。


まずは自分に優しく。

それができたら、人にも優しくすればいいんだよ。

人に優しく、自分に厳しくっていうのは、真面目でも立派でもないからね。


で、真面目と立派は禁止って言うと、じゃあなにをしてもいいんだなって失礼なことを言う人がいるの。

あのね、それは一人さんに言わせると「常識以下」だよ。

愛がなかったら、ただの嫌なヤツです（笑）。


あなたの表情に、愛はあるかい？

あなたが発する言葉に、愛はあるかい？

愛があるように見せかけて、実は人を馬鹿にしたような言葉や嘲笑もあるの。それじゃダメだよ。

人を喜ばせたり、癒したり、和ませたりするのが愛ですよ。

「なんとかなる」流れに乗るのが成功への近道

一人さんが、「銀座まるかん」という会社を始めたきっかけはね、ひと言で言っちゃうと、私は小さいときからいろんな病気をしてきたから、健康にいいものを作りたいっていう気持ちからなんだよね。

でも、そういうふうに思ったこと自体が、「流れ」なんです。

私はずっと、「なんとかなる」と思いながら生きてきました。

そうするとね、

「なんとかなる流れ」

みたいなものができるの。

それが、まるかんという会社を作って成功するという流れだったんだよね。


病気だからつらい。

嫌なことが続いて悲しい。

苦労の連続だった。

そんな話ばっかりしている人には、そういうつらい流れが次々とやってくる。

だけどね、**一人さんみたく、なにがあっても「なんとかなる」で笑っていると、ますます笑いたくなるような人生になっちゃう**んです。


一人さんって、もともと人が喜ぶ顔を見るのが好きなの。

人の肩の荷を軽くしてあげて、みんなが笑顔になってくれたらすごくうれしいんです。

だから、私にできることがあると聞けば飛んで行って、自分のことと同じくらい一生懸命やるんだよね。
根っから、そういうふうに生まれついちゃっているの。
この本もね、読んでくれた人が助かったと喜んでくれたらいいなって。
その一心で書いています。

人が喜ぶ商売をすれば必ず繁盛するんだ

もし、一人さんがまるかんという会社を作っていなかったら――。
ということを少し考えてみたんです。
残念ながら、わからなかった（笑）。

ただ、その昔、古本屋になってみたいなぁって、ふと思ったことがあるんです。
私は本を読むのが好きだから。
自分の好みの本を集めた古本屋になって、お店でずっと本を読んで暮らせたら楽しいだろうなって。

でも、それっきり（笑）。

ということは、本気で古本屋になりたいわけじゃなかったんだね（笑）。

もし本気だったら、今頃、古本屋になってるはずだから。

だけど、あのとき一人さんが古本屋になっていたとしても、今みたいに大成功したんじゃないかな。と思います。

どんな商売でも、人に喜ばれることをすれば必ず繁盛するから。

なにをしても、なんとかなるものです。

「一人」さんは「火の鳥」なんだよ

あなたは、自分の名前が好きですか？

自分の名前に込められた意味を読み取って、名前が指し示す道へ進んでいっ

い？


名前ってね、よく「由来はなんですか？」と聞かれますね。

だけど本当は、名前に由来はありません。

親が付けてくれたとか、祖父母が付けてくれたとか、お坊さんが付けてくれたとかっていうけれど、その人にあなたの名前をひらめかせたのは神様なんです。


名前は、神様からいただくもの。


これが本当なんだよ。

で、神様はその名前に、あなたへのメッセージを込めているの。

名前は、神様からの指令なんだよね。

わかるかい？

私の「一人」っていう名前は、ものすごく珍しいんです。でも、うちの両親には
この名前がひらめいたの。
神様がひらめかせたんだよね。
そうじゃなかったら、一人なんて変わった名前は付けなかっただろうなって。
で、一人さんは自分の名前についてどう理解しているのかというと、

「火の鳥」

だと思っているんです。
一人→ひとり→火鳥→火の鳥、ということなんだけど。
昔、古代の人は、太陽のことを「火の鳥」と呼んでいました。
要は、一人さんの行くところ、行くところ、どこでも明るくなっちゃう。
そんな人間でいるんだよっていう、神様のメッセージを感じるんです。

「俺が行くところは、みんな明るくなるんだな」

そう思うとね、すごくいい名前をもらったと思います。

みんなを明るくできるように、私自身が楽しく生きなきゃいけないぞって。

間違っても、「一人さんは場を暗くする」とか言われないようにしなきゃいけない。私が行ったらムードが悪くなるようじゃ、神様もがっかりしちゃうよね（笑）。


ときどき、こんなことを言う人がいるんです。

「私は名前のせいで運がない」

「名前の画数が悪いせいで、幸せが逃げていく」

大事なことだから伝えておくけれど、そういう考えは間違っているよ。

運が開けないのは、一事が万事、あなたがそういう考えだからです。


人間は、どう思い、どう生きるか。

それがすべてなんだ。

名前があなたを作るんじゃない。

あなたの思いが、現実を作るんだよ。

世界の偉人伝なんかを読んでいると、ものすごく貧しい家に生まれながら偉業を成し遂げた人がたくさんいます。

そういう人と自分は頭の造りが違うからって思うかもしれないけれど、そうじゃないんです。思いが違うだけなの。

心がどこを向いているかという、心構えの違いだけなんだよ。

一人さんはずっと昔から「なんとかなる」という言葉を知っていて、それを強く意識してきたから幸せになったの。

で、そのことをたくさんの人に一生懸命伝えて、みんなが幸せになれるようにと願っているから、ますます幸せになるような現実がもたらされるんです。

超一流の人は笑いながら仕事をしている

私の彼女になった女性は、たいてい最初にこう言んです。

「一人さんって、本当にTバックが好きなんですか?」

「私はTバックが大好きです」って、自分の口でずっと言い続けているし、本にも書き続けてきたんです。

なのに疑われている(笑)。


あのね、私はTバックが好きなんです。

何度も私に会っている人ですら、冗談で言ってると思っていることが多いんだ。

真実っていうのは、かくも世の中に伝わらない。

今、私は、そのことに驚いていています(笑)。

一人さんって、こういうおもしろい話をしながら、毎日大笑いしているんだよ。

この本の打ち合わせ中だってね、みんなどっかんどっかん笑っているの。本作りのスタッフも、笑い過ぎて質問できなくなっちゃうくらいなんだ（笑）。

そんなんで仕事になるんですかって、むしろそうじゃなきゃいい仕事はできないんです。


楽しく仕事をしている人には、神様がうんと味方してくれます。


楽しんでいるということは、「今世《こんせ》、幸せになる」という神様との約束を守るために顔晴《がんば》っている証《あかし》だから、神様がすごく喜んでくれるの。

だからおもしろくてためになる、ものすごくいい本ができる。

しかも、神様のすることはスピードが速いから、普通では考えられない速さで本ができちゃうんだ。


超一流の人がどうして豊かになれるかっていうと、短時間で人よりいいものを作ることができるからだよ。

そのためには、なんとかなるっていう気楽な気持ちで、笑いながら楽しく仕事しなきゃいけないんです。

24時間、自分を楽しませ続けていますか？

一人さんは、ひたすら毎日を楽しく生きています。

湯水のようにジョークを連発して、自分も周りも楽しませているの。

私は、楽しいことを考えるのが仕事だと思っているから、**毎日を全力で楽しくしているんです。**

だから、日常会話が笑いそのものなんだよね。


普通の人は、笑いを求めてテレビでお笑い番組を観たりするんだけど、一人さんの場合は息をするように笑いが出てくる。

お弟子さんやなんかも、テレビを観るより私と一緒にいるほうが楽しいって、延々と側にいたがるくらいなの（笑）。

もちろん、テレビ番組だっていろんな工夫がされていて、すごくおもしろいんだよね。テレビがつまらないと言っているわけじゃないですよ。

でもね、テレビに頼らなくても、自分で自分を楽しませる力があるって、すごく重要なことなんだ。


あなたは朝から晩まで楽しいことを考えていますか？

24時間、自分を楽しませ続けていますか？


そういうことが言いたいんです。

あのね、頻繁につらいことが起きる人は、ふだんから苦しくなるようなことばっかり考えているからだよ。

苦しいことを考えるのを、用心しているように勘違いしているの。でも違うよ。

その「苦しいことばっかり考えるクセ」が、不幸を呼び寄せているんです。そのことに気づいていないいんだよね。

親や先生から、

「のんきに構えていると失敗するからね」

「自分に都合のいいことばっかり考えていると、うまくいかないよ」

そう刷り込まれてきて、信じ切っちゃってるの。

その刷り込みが不幸の元とも知らずに……。

一人さんは納税日本一になったけれど、コツコツ勉強したことなんてないの。それどころか、義務教育の中学ですら、まともに行かなかったくらいだよ（笑）。

その一人さんがここまで成功できたのは、

「なんとかなる。

俺は絶対、誰よりも幸せになれるんだ」


心の底から、そう信じてきたからです。

幸せは、幸せなことを考えている人のところにやってきます。

あなたの幸せな考えが、もっと大きな幸せを呼ぶんだよ。

自信さえあれば道は開けるよ

一人さんの中学時代の話です。

私は勉強も苦手だったのですが、体が弱かったから運動も好きじゃなかったの。

でも、そんな事情に関係なく、学校で行われるマラソン大会には全員参加が義務づけられていたんです。


嫌だなぁ、走るの苦手なんだよ……。

そう思った一人少年は、大会当日、大胆な行動に出ました。よーいドンで走り出した後、しばらくして先生の目が届かなくなった場所で、パッとコースから外れたの。

で、駄菓子屋さんでゆっくりオヤツを食べた（笑）。

適当な時間を見計らって、近道で先回りしてから、こっそりみんなと合流しようとしたんだけど……路地からパッと出たところが悪かった。

先生の目の前に出ちゃったんです（笑）。

案の定、「なにやってんだ！」って叱られるよね。

でも一人さんは、負けじと先生に言い返したの。

「真面目に走れって、それは先生の希望じゃないか。

300メートル走るだけでも死にそうになるヤツもいるのに、その人間を何キロも走らせるなんて、ふざけるなよ」

そうするとね、先生は「お前は口ばっかり達者だ！」って言ったの。

だから、

「口が達者なわけじゃないよ。俺は頭がいいんだ。

言葉だけでしゃべってるんじゃない、頭でしゃべってるんだ」

って返したんです。

で、先生が「だったら、もっと勉強しろ」なんて言うものだから、使う頭が違うんだって畳みかけたら……。先生、最後にはひと言も返せなくなっちゃった（笑）。

誤解のないように言っておくけれど、私は先生を馬鹿にしたわけじゃないし、先生が悪いと言っているわけでもないんです。

もし一人さんが先生の立場だったら、やっぱり同じように注意したと思うよ(笑)。

だけど一人の人間としては、

自分がされて嫌なことは、人にもしない。

というマイルールを曲げたくなかったんだ。

相手が先生であっても、嫌なこと、苦手なことを押しつけられたくなかった。

だって、もしそのことで自信をなくしてしまったら、取り返しがつかないことになっちゃうから。

成績が悪ければ、親や先生から「お前はダメだな」とかって言われます。それのなにがいけないかっていうと、成績が悪いだけでも落ち込むのに、ダメだと否定されることで自信まで傷つくんだよ。

成績が悪いうえに自信までなくしたら、その子はどうなるのか、大人は考えたことがあるのかって言いたいんです。


成績なんて悪くてもいい。

自信だけは、絶対に持ってなきゃダメなんだ。

自信さえあれば、将来はどうにでもなる。なんとかなるんです。

一番の供養はご先祖様を安心させてあげること

この話はものすごく長くなるんだけど……。

できるだけ簡単に、わかりやすくお伝えしますね。

ご先祖様の、供養のお話です。


人間は、死ぬとあの世――光の国に帰ります。

亡くなったかたの供養というのは、まず、あの世に帰りやすくしてあげるという意味があるんだよね。

だから、お仏壇とかお墓に向かって、お願いごとをしちゃいけないんです。

子どもが受験に合格するようお願いしますとか、早く結婚できますようにとか、そんなことを言ってはいけないの。

家族全員、幸せにやっていますよ。

安心して、こちらのことはお任せくださいね。


そう言って、亡くなった人を安心させてあげるのが本当の供養なんです。

守ってくださいとかお願いごとばっかりしているとね、この世のことが気になってあの世へ行けず、仏壇のなかに住んじゃったりする霊もいるんです。

浮遊霊になっちゃうんだよね。

そうすると薄暗くて陰気な仏壇になるから、仏壇の前に座るとすぐわかります。

もし、「うちの仏壇はなんだか暗いです」っていう場合は、お願いごとをやめて、
ご先祖様が安心できるようなメッセージを送らなきゃいけないよ。

私たちは死んだあと、光の国に行くとお伝えしました。

そのためには、身軽でなきゃいけない。思いを軽くしてなきゃいけないんだ。

この世にどれだけ財産を作ろうが、かわいい子どもがいようが、愛する人がいようが、死んだら未練を残さず全部置いて行かなければならないんです。

遺された人にとっても、それが一番いいことなの。

この世への未練が強くて、いつまでも浮遊霊でユラユラしていたんじゃ、残されたほうだって心配だよね。

もちろん、亡くなって間もない人はまだ魂がこの世にいますから、あなたになにかメッセージを伝えたくて夢枕に立ってくれることもあります。

だけど、亡くなって何年もたっている人が枕元に現れたときは要注意だよ。いまだに成仏できていないというサインだから、一刻も早くご先祖様を安心させてあげなきゃいけないの。

ただし、例外もあります。

ちゃんとご先祖様が供養できているのにそういう現象が起きた場合は、守護霊さんや指導霊さんが、亡くなった人の姿を借りて出てきてくれているということ。これは安心していいですからね。

じゃあ、ご先祖様はどこまで遡って供養すればいいんですかって、「ここまで」っていうのはないの。

でも、**あなたが自分の親御さんに対して安心させてあげるだけで、ずっと遡ってすべてのご先祖様が安心するんです。**

どういうことですかって、あなたにはお父さんとお母さんがいるよね。そして、あなたのご両親にもそれぞれ、お父さんとお母さんがいる……。というように、どこまでいっても親がいるわけです。

親はね、子どものことをずっと心配しているんです。

子どもが安心すると、親も安心するの。

だから、あなたの両親が安心すれば、あなたの祖父母も安心する。祖父母が安心すれば、曾祖父母も安心する。

どこまでも、どこまでも、ドミノ倒しのように安心が繋《つな》がっていくんだ。

ご先祖様の全員にお供え物をするって無理だよね。大変なことになっちゃう（笑）。

それよりも気持ちなんです。

ご先祖様がいてくれるから、今の自分がある。そのことに感謝して、安心させてあげるんだよ。

そもそも、ご先祖様にお願いばかりするってどうかと思うよ。

うちの息子を大学に合格させてくださいって、ほとんどのご先祖様は大学へ行っていないんじゃないかな。最終学歴は近所の寺子屋で、場合によっては、その寺子屋でも成績がイマイチだったかもしれない（笑）。

それなのに、大学に合格させてくれと言われても無理なの。

寺子屋しか出ていないのに、大学受験のことなんてわかるはずがない（笑）。

お願いごとをしていいのは、神様だよ。

ご先祖様には、感謝の気持ちを伝えるだけ。みなさんのお陰で私はこんなに幸せですっていう思いを持って感謝するの。

それが一番の供養ですからね。

「なんとかなる」でご先祖様の魂もレベルアップ

ご先祖様を安心させようねっていう話をすると、本当は悩んだり苦しんだりしているのに、心を偽って「私は幸せです、安心してくださいね」とかって言う人がいるの。

だけど、それじゃダメなんだよ。

あなたがいくら隠しても、顔やムードで、幸せじゃないってことはすぐに伝わっちゃうんです。

嘘《うそ》のメッセージを送っても、ご先祖様は成仏できないんだよね。

ご先祖様を安心させたいのなら、**真に明るく幸せな人生を生きること。**

そのために、「なんとかなる」という言葉があるんです。

幸せになるのは難しくないよ。

なんとかなるって信じて、自分の好きなことをめいっぱい楽しめばいいんです。

あなたが毎日ワクワク楽しんでいると、成仏していないご先祖様はこう思うんです。

「ナルホド、こういう考え方があるんだなぁ」

そして、自分の間違った考えに気づくんだよね。

人をいじめるのはダメだけど、それ以上に、自分をいじめちゃいけないんだって。

で、子孫のあなたに、

「君はすごく偉いね。自分を助けて、人も助けて。それが本当の幸せだったんだね」

って、そこで初めて成仏するんです。

人の魂は、子孫を心配することでも成仏できなくなりますが、「間違った考え」を改められないことで、この世に未練を残している場合も成仏できないの。未練がなくなれば、スウッと成仏する。

そのきっかけを、あなたが作ってあげることもできるんだよね。

それとね、浮かばれない霊は、必ず誰かに取り憑《つ》きます。そして、取り憑いた人まで不幸にしてしまいます。

じゃあ、浮遊霊に取り憑かれた人はどうすればいいんですかって、

「なんとかなる」

そう言って、心を明るくするの。

陰に取り憑かれるのは、その人自身にも陰があるということ。だから明るくすればいいんです。

明るいところには、陰は存在できないからね。

子孫のあなたが正しい道を進めば、それを見たご先祖様は気づきを得ます。その気づきで成仏するの。

自分が幸せになれば、先祖助けになります。

あなたは、ご先祖様にも明るい光を届けられるんだよ。

憶《おぼ》えておいてくださいね。

あなたの仕事も立派な奉仕だよ

感謝する心

豊かな心

奉仕する心

この3つは、一人さんが大事にしている心得です。

感謝する心と豊かな心については、繰り返しお伝えしていますので割愛するとして、ここでは「奉仕する心」に少し触れておきましょう。


例えばこの本なんかでも、私は奉仕のつもりで書いているんだよね。それから、まるかんの仕事も奉仕なの。

お金を稼ぐことも奉仕なんですかって思われるかもしれないけれど、奉仕には、

「有料奉仕」

と、

「無料奉仕」

があるんです。


仕事って、誰かに必要とされたり、喜んでもらえたりするからお金がもらえる。

それも立派な奉仕なんだよ。

有料の奉仕があるからこそ、私たちはご飯を食べられるし、自分の好きなこともできるわけです。

で、好きなことができるから、それが働く原動力になって、また人に喜ばれる仕事をしようって思えるんだよね。

わかるかい？

いっぽう、大笑参り《おおわらいまい》なんかは、無料の奉仕なんです。

人件費や雑費（文具代や光熱費など）をうちで負担して、みんなに喜んでもらえることを提供しているの。

こういう奉仕をすると、心がものすごく豊かになるんだ。

経済的にも精神的にもゆとりがなければできないことだからね。

もちろん、自分が苦しくなっちゃうような無理は禁物だよ。

自分にできないことを無理にしようとすると、つらくなって、奉仕どころじゃなくなりますからね。

今ある幸せに感謝し、笑顔の素敵な優しい人であること。
そして、自分のできる範囲で人のお役に立とうっていう気持ちを持っていれば、
あなたの人生は絶対に、ワクワクにあふれた素晴らしいものになります。

あなたにふさわしい、楽しい人生を歩んでくださいね。
あなたなら大丈夫。なんとかなる。
ありがとうございました。

おわりに

21世紀になり、言葉の時代がやって来ました。

その昔、人は斬り合いで人を傷つけていたけれど、今は言葉で人を傷つけること
がうんと増えてきたんです。

だけど言葉って、人を傷つけるためにあるわけじゃないよ。
言葉は、
人を癒したり
元気にしたり
笑顔にしたり
助けたりするためにあるんです。

言葉の本当の使い方は、人を幸せにすることだよ。

今世《こんせ》、私の務めは、人の肩の荷を降ろしてあげることだと思っています。

そのために、私はいつも笑顔でいるようにしているし、人を幸せにするための言葉を、たくさん紡いでいます。

あなたの肩の荷が、一人さんの言葉で、少しでも軽くなりますように。

さいとうひとり

斎藤一人さんとお弟子さんなどのサイト

柴村恵美子さんのブログ ……http://s.ameblo.jp/tuiteru-emiko/
ホームページ ………………http://shibamuraemiko.com

みっちゃん先生のブログ ……http://mitchansensei.jugem.jp/

舛岡はなゑさんのブログ ……https://ameblo.jp/hitori-myoudai-hana/
インスタグラム ……………https://www.instagram.com/masuoka_hanae/?hl=ja

宮本真由美さんのブログ ……http://s.ameblo.jp/mm4900/

千葉純一さんのブログ ………http://s.ameblo.jp/chiba4900/

遠藤忠夫さんのブログ ………https://ameblo.jp/ukon-azuki/

宇野信行さんのブログ ………https://ameblo.jp/nobuyuki4499

高津りえさんのブログ ………http://blog.rie-hikari.com/

おがちゃんのブログ …………https://ameblo.jp/mukarayu-ogata/

恋川純弥さんのブログ ………https://ameblo.jp/abcdefg-1234-0306

恋川純さん（桐龍座 恋川劇団）の
ホームページ ………………http://koikawagekidan.com/index.html

斎藤一人さん公式ブログ

https://ameblo.jp/saitou-hitori-official

一人さんが毎日あなたのために、ついてる言葉を、日替わりで載せてくれています。ぜひ、遊びにきてください

斎藤一人さんがTwitterを始めました!

右のQRコードを読み込むか、
下のURLからアクセスできます。
ぜひフォローくださいね。

https://twitter.com/O4Wr8uAizHerEWj

一人さんファンなら、一生に一度はやってみたい

「大《おお》笑《わらい》参《まい》り」

ハンコを９個集める楽しいお参りです。
９個集めるのに約７分でできます。

無料

場 所：一人さんファンクラブ
ＪＲ新小岩駅南口アーケード街徒歩３分
年中無休（開店時間10:00~19:00）
東京都葛飾区新小岩1-54-5　03-3654-4949

金運祈願

恋愛祈願

就職祈願

合格祈願

健康祈願

商売繁盛

斎藤一人（さいとう　ひとり）

実業家、「銀座まるかん」（日本漢方研究所）の創設者。

1993年以来、毎年、全国高額納税者番付（総合）10位以内にただ1人連続ランクインし、2003年には累計納税額で日本一になる。土地売却や株式公開などによる高額納税者が多い中、納税額はすべて事業所得によるものという異色の存在として注目される。

著書に、『斎藤一人　俺の人生』『普通はつらいよ』『斎藤一人　世界一ものスゴい成功法則』『成功力』『斎藤一人　仕事はおもしろい』、みっちゃん先生との共著に『斎藤一人　愛語』『斎藤一人　神はからい』『斎藤一人　父の愛、母の愛』(すべてマキノ出版)などがある。

斎藤一人 絶対、なんとかなる!

言えば心が軽くなる、毎日笑って暮らせる

2019年3月28日　第1刷発行

著　者　斎藤一人
発行人　室橋一彦
編集人　髙畑 圭
発行所　株式会社マキノ出版
http://www.makino-g.jp
〒113-8560　東京都文京区湯島2-31-8
電話　ゆほびか編集部　03-3818-5098
販売部　03-3815-2981
印刷・製本所　大日本印刷株式会社

ISBN　978-4-8376-7292-0

斎藤一人さんとお弟子さんの本

人にもお金にも愛される美開運メイク
最強運を呼び10歳若返る
斎藤一人・舛岡はなゑ 著
定価：本体1350円＋税

斎藤一人 人は幸せになるために生まれてきたんだよ
読むだけで怒り悲しみ苦しみが消えていく「心が軽くなるゆるゆるす極意CD」特別付録！
高津りえ 著
価格：本体1500円＋税

お金に嫌われない大成功の仕組み
借金持ちからお金持ちに変えてくれた大富豪の教え
千葉純一 著
定価：本体1400円＋税

斎藤一人 舛岡はなゑ 女性のための逆ギレのすすめ
語り下しCDつき！ 全部うまくいく仰天法則
斎藤一人・舛岡はなゑ 著
価格：本体1500円＋税

斎藤一人 ゆるしてあげなさい
悩みが解決する開運の道の歩み方
高津りえ 著
定価：本体1400円＋税

21世紀は男も女も見た目が100%
「外見が人生を決める！」本書のための語り下ろし！一人さんのCD付き
斎藤一人・舛岡はなゑ 著
価格：本体1500円＋税

特別付録

斎藤一人さん書き下ろし

パワー入魂!

「絶対なんとかなる」カード

使い方は4ページをご参照ください

絶対
なんとか
なる
さいとう ひとり

※線に沿ってていねいに切り取ってください